TABLEAUX

ANCIENS

PARMI LESQUELS

PLUSIEURS TABLEAUX

DES XIIIe, XIVe & XVe SIÈCLES

UN PORTRAIT PAR VÉLAZQUEZ

BELLE TAPISSERIE DU XVIe SIÈCLE

Vente le Vendredi 6 Mars 1868.

EXPOSITION LE JEUDI 5 MARS 1868

DE UNE HEURE A CINQ HEURES

Me DELBERGUE-CORMONT, rue de Provence. 5.

M. FEBVRE. rue Saint-Georges. 14.

RENOU ET MAULDE

IMPRIMEURS DE LA COMPAGNIE DES COMMISSAIRES-PRISEURS

Rue de Rivoli, 144

CATALOGUE

D'UNE COLLECTION

DE

TABLEAUX

ANCIENS

PARMI LESQUELS

PLUSIEURS ŒUVRES DES MAITRES ITALIENS

Des XIIIe, XIVe et XVe Siècles

BEAU PORTRAIT PAR VÉLAZQUEZ

TAPISSERIE DU XVIE SIÈCLE :

UN CONCERT VÉNITIEN

DONT LA VENTE AUX ENCHÈRES PUBLIQUES AURA LIEU

HOTEL DES VENTES

RUE DROUOT, SALLE N° 3

Le Vendredi 6 Mars 1868

A TROIS HEURES

Me **DELBERGUE-CORMONT,** Commissaire-Priseur,

rue de Provence, 8,

Assisté de M. **FEBVRE,** Expert, rue Saint-Georges, 14,

CHEZ LESQUELS SE DISTRIBUE LE PRÉSENT CATALOGUE.

EXPOSITION PUBLIQUE

Le Jeudi 5 Mars 1868, de une heure à cinq heures.

PARIS — 1868

CONDITIONS DE LA VENTE

Elle sera faite au comptant.

Les Acquéreurs paieront CINQ POUR CENT en sus du prix d'adjudication, applicables aux frais.

L'Exposition mettant les Acquéreurs à même de se rendre compte de l'état des Tableaux, il ne sera reçu aucune réclamation une fois l'adjudication prononcée.

DÉSIGNATION

DES

TABLEAUX

BOTTICELLI (Francesco)

1 — Saints adorant la Vierge et Jésus.

Sous un portique, la Vierge assise tient sur ses genoux son divin enfant ; à gauche, saint Jean et une sainte ; à droite, deux autres saintes dont sainte Agathe.

Trois beaux fonds de paysage Raphaëlesque. Personnages demi-nature. Excellente œuvre du maître.

CRAESBEECK (Josse van)

2 — Fumeurs et Buveurs flamands attablés.

CRANACH (Luc Sander)

3 — Ex-voto. — Résurrection du Christ.

Le Seigneur debout sort du sépulcre, autour duquel sont les soldats endormis ; en avant, le Donateur et sa nombreuse famille, femme et enfants, tous agenouillés dans l'attitude de la prière.

Près de trois personnages sont des blasons.

Sur la pierre du sépulcre les initiales du maître, L. C., avec le millésime 1535 et le dragon comme double signature.

CUYP, Albert (École de)

4 — Portrait en buste d'une jeune Fille.

DYCK (Antoine van)

5 — Le Christ expirant.

Le Sauveur sur la croix est près d'expirer. La contraction de ses muscles atteste ses souffrances. Les yeux élevés vers le ciel, il prie son père de terminer le sacrifice.

Fond de ciel avec ténèbres.

Bien que cette composition ait souvent été répétée par le maître, nous sommes convaincu que cette page est non-seulement de Van Dyck, mais encore de son meilleur faire.

FLORIS (Franz)

6 — Allégorie religieuse ayant trait à la naissance de Jésus.

Près d'un portique, la Vierge assise reçoit Jésus que lui présente Sainte Catherine; près d'elle saint Joseph debout et une autre sainte; à droite au fond, trois docteurs discutant; à gauche et à droite en avant, groupe de femmes et d'enfants.

GODENZIO (Ferrari)

7 — Saint Pierre marchant sur les eaux.

Saint Pierre ayant quitté la barque qui porte encore Jacques et Jean, marche à la rencontre de son divin maître qui l'appelle et l'attend sur le rivage.

HAGEN (Jean Van der)

8 — Paysage.

Sur le devant, une route, avec le sujet du prophète Élie insulté par les enfants.

HERRERA (Le vieux)

9 — Saint Évangéliste.

Vu à mi-corps, de face, cheveux et barbe blanche, assis devant une table, il feuillette et consulte un livre placé sur une table.

Peinture énergique.

KABEL (Van der)

10 — Entrée d'un port italien ; effet de nuit.

HOBBEMA, Mendert (D'après)

11 — Reproduction du fameux Paysage provenant de la vente du duc de Mecklembourg, qui figure aujourd'hui au musée du Louvre.

HUISMANS DE MALINES

12 — Paysage montagneux.

A gauche, des roches sablonneuses, puis une route où causent des villageois ; dans le fond, une rivière et des collines.

MAAS (Dirck)

13 — Un Cavalier et un Chasseur sur une route.

MANTAIGNA (École de)

14 — Sainte Clotilde, reine de Hongrie.

> Debout sous un portique, vue presque de face, vêtue d'une longue robe noire à franges d'or, manteau pourpre ; la main droite tient un livre ouvert, l'autre un glaive.

MARATTI (Carlo)

15 — Dans un paysage, la Vierge debout et le petit Saint Jean en adoration devant Jésus ; dans le fond Saint Joseph lisant ; dans les airs des chérubins.

MICHAU (Théobald)

16 — Deux charmants paysages animés de figures.

MIEL (Jean)

17 — Guerrier demandant l'hospitalité à un villageois, dont la famille est réunie à la porte d'une chaumière.

MOMPER (Josse de)

18 — Paysage, site agreste.

MURILLO (Barthélemy-Esteban)

19 — La Vierge enlevée au séjour céleste.

Debout sur des nuages, enveloppée d'un rayon lumineux. Elle est soutenue par de petits anges ; l'un d'eux tient une palme.

MURILLO, Esteban (Attribué à)

20 — La Conception.

La Vierge au milieu des nuages, les pieds posés sur un croissant, les mains jointes, la tête entourée d'un rayon lumineux; autour d'elle des chérubins.

PALAMÈDES (Stévens)

21 — Corps de garde de forteresse.

Un officier, assis , donne des ordres à un soldat; un valet lui pose des éperons; dans le fond, plusieurs soldats; à la porte, une sentinelle.

RESTOUT (Jean-Bernard)

22 — Bethzabée au bain.

Près d'une fontaine jaillissante, Bethzabée est assise sur des draperies ; autour d'elle sont ses femmes qui se préparent aux soins de sa toilette ; bien à droite est le palais du roi David qui en se promenant sur la terrasse, aperçoit celle qui doit troubler sa raison.

SARTO (Andréa del Vanucchi)

23 — La Vierge, Jésus et les saintes Femmes.

Sujets de grandeur naturelle. Œuvre gracieuse et d'un beau caractère.

SPINELLO D'ARITINO (xive siècle)

24 — Triptyque avec trois saints.

Volet central : Saint Grégoire bénissant, en haut deux chérubins.
Volet de droite : Saint Jérôme, cardinal, tenant un manuscrit ouvert ; à droite, Sainte Catherine avec la roue et la palme.
Peintures sur fond d'or, portant la date de 1321.

TOBAR (Alphonse-Michel)

25 — L'Adoration des Bergers.

Dans l'étable de Bethléem la Vierge agenouillée, devant la crèche où repose Jésus, qui sourit aux bergers qui l'adorent ; derrière la Vierge, saint Joseph debout ; dans les nuages apparaissent deux anges.

Œuvre rappelant la manière de Murillo.

TÉNIERS, David

26 — Pêcheurs et Villageois sur le bord d'une rivière.

VÉLASQUEZ (Rodriguez don Diégo)

27 — Portrait d'une dame espagnole.

Vue de face jusqu'aux genoux, représentée assise dans un fauteuil à dossier rouge, elle porte robe noire ample avec pèlerine à raies blanches et brodée d'or ; large chevelure rousse ondulée ornée d'un bouquet de lys.

La main gauche gantée repose sur le bras du fauteuil, de la droite, elle tient le bas du collier en pierre précieuse qui pare son cou.

Très-belle œuvre du maître.

VERWÉE (L.-P.)

28 — Beau Paysage avec chaumière, chute d'eau et repos d'animaux.

VERSCHURING

29 — Écurie avec deux chevaux, — l'un blanc est soigné par un palefrenier.

WOUVERMAN, Ph. (École de)

30 — Chasse au cerf, sujet gravé par Moireau.

WOUVERMAN (Pierre)

31 — Choc d'Escadrons.

> Grande mêlée, combat vigoureux ; à terre des blessés et des morts ; hommes et chevaux.

WÉENIX (Jean)

32 — Famille hollandaise à l'entrée d'un parc.

> Le chef de la famille, gouverneur des Indes-Hollandaises, est debout ; il porte vêtement noir et tient une canne ; près de lui, sa femme assise entourée de quatre marmots ; une femme mulâtre apporte des fruits ; à gauche, un valet de chasse tient un faucon ; fond avec parc et fontaine monumentale.
>
> Signé, à droite au bas en toutes lettres.

WOHLGEMUTH (Michel)

33 — La Descente de Croix.

Le corps inanimé du Sauveur est soutenu par deux personnages montés sur deux échelles, Saint Jean s'apprête à recevoir son divin maître ; au bas de la croix, les saintes femmes éplorées ; dans le fond, la ville de Jérusalem.

A gauche un prélat agenouillé, probablement le donateur.

Œuvre rappelant celles de Roger Vander Weyden.

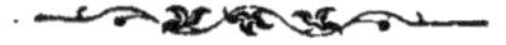

Renou et Maulde, Imprimeurs de la Compagnie des Commissaires-Priseurs.
rue de Rivoli, 144.   12092